Silke Brand

Ant Colony Optimization - Ameisenkolonie-Optimierung

Silke Brand

Ant Colony Optimization - Ameisenkolonie-Optimierung

GRIN Verlag

Bibliografische Information der Deutschen Nationalbibliothek: Die Deutsche Bibliothek
verzeichnet diese Publikation in der Deutschen Nationalbibliografie; detaillierte bibliografische Daten sind im Internet über http://dnb.d-nb.de/ abrufbar.

1. Auflage 2008
Copyright © 2008 GRIN Verlag
http://www.grin.com/
Druck und Bindung: Books on Demand GmbH, Norderstedt Germany
ISBN 978-3-640-39946-8

FernUniversität in Hagen

Fachbereich Wirtschaftswissenschaft
Lehrstuhl für Wirtschaftsinformatik

Seminararbeit zum Thema
Heuristische Suchstrategien und ihre
Anwendung auf betriebliche Entscheidungsprobleme
– ES02 Ant Colony Optimization –

Seminar: *Entscheidungsunterstützende Systeme*

Name: *Silke Brand*

Abgabedatum: *12.05.2008*

Inhaltsverzeichnis

Seite

1 Einleitung 1

2 Vorstellung des Ant Colony Optimization Ansatzes 1

   2.1 Historische Entwicklung 1

   2.2 Anwendungsbereiche 2

   2.3 Biologisches Vorbild der Ameise.. 3

      2.3.1 Beobachtung der Futtersuche von Ameisen 4

      2.3.2 Das Phänomen der Pheromonspuren 5

   2.4 Einführung in das Konzept der „Künstlichen Ameise"............................. 7

3 Teilalgorithmen und Komponenten der Ant Colony Optimization 8

   3.1 Ameisen-Generierung und -Aktivitäten 10

   3.2 Pheromon-Verdunstung.. 15

   3.3 Optionale Dämon-Aktionen 17

4 Lösung eines Network Routing Problem 18

   4.1 Darstellung des zu lösenden Problems... 18

   4.2 Vorstellung des Verfahrens 19

      4.2.1 Ameisen-Generierung und -Aktivitäten 20

      4.2.2 Pheromon-Verdunstung.. 23

      4.2.3 Optionale Dämon-Aktionen.. 23

      4.2.4 Lösungsgüte im Vergleich zu alternativen Verfahren.................... 24

5 Einordnung des Ansatzes in das Konzept der Swarm Intelligence.................. 25

   5.1 Grundlagen der Swarm Intelligence... 25

   5.2 Bedeutung des Ant Colony Optimization Ansatzes 26

6 Zusammenfassung 27

Literaturverzeichnis.. 28

Anhang 31

Abbildungsverzeichnis

Seite

Abb. 1   Schematischer Versuchsaufbau „Double Bridge Experiment".............................. 4

Abb. 2   Pseudo-Algorithmus ACO-Metaheuristik, Teil 1 9

Abb.3   Darstellung eines sehr einfachen Travelling Salesman Problem 10

Abb. 4   Pseudo-Algorithmus ACO-Metaheuristik, Teil 2 10

Abb. 5   Pseudo-Algorithmus ACO-Metaheuristik, Teil 3 10

Abb. 6   Monte-Carlo-Auswahl in Zyklus 1 13

Abb. 7   Berechnung der Weglänge 15

Abb. 8   Ant System Berechnung für das TSP in Zyklus 2.................................... 16

Abb. 9   Pseudo-Algorithmus AntNet.. 19/20

Abb. 10   lokales Traffic-Modell M_i und Pheromonmatrix Γ_i in Knoten i.............. 21

Abb. 11   NSFnet: Vergleich der Algorithmen unter RP-Datenverkehr........................ 24

Tabellenverzeichnis

Seite

Tab. 1   Überblick über die mit Ameisenalgorithmen gelösten Problemstellungen.............. 3

Tab. 2   Ant-Routing Tabelle A_i zu Beginn des Zyklus 1 13

Tab. 3   Berechnung neue Markierungsmengen τ_{ij} nach Zyklus 1 15

Tab. 4   Berechnung neue Markierungsmengen τ_{ij} nach der Pheromonverdunstung.............. 16

Tab. 5   Berechnung neue Ant-Routing Tabelle A_i nach der Pheromonverdunstung.............. 16

1 Einleitung

Die Lösung NP-harter[1] kombinatorischer Optimierungsprobleme - nicht nur im betriebswirtschaftlichen Bereich - ist mit einer gravierenden Schwierigkeit, nämlich dem mehr als polynomiell, das heißt zum Beispiel exponentiell ansteigenden Bearbeitungsaufwand verbunden. Dies rührt daher, dass die Zahl der benötigten Rechenoperationen für eine exakte algorithmische Lösung stärker als polynomiell mit der Komplexität der Problemstellung anwächst, so dass schon mittlere Probleme eine Rechenzeit benötigen, die auch bei Verwendung aller Supercomputer der Welt nicht bis zum Ende der Lebensdauer des Sonnensystems abgearbeitet wäre. Ungeachtet dessen treten solche Probleme überaus häufig in der Praxis auf. Zu finden sind diese vor allem bei vielen Planungsaufgaben und es ist von großer ökonomischer Bedeutung, diese Probleme doch zu lösen, zumindest näherungsweise oder umgangssprachlich "so gut wie es geht".

Geeignete Verfahren können vor allem im Bereich von Heuristiken gesucht werden. Heuristiken stellen Algorithmen dar, die häufig, d.h. für viele praktisch wichtige Eingaben, gute, wenn auch nicht exakte, so doch annähernd optimale Lösungen hervorbringen. Im Verlauf der beiden letzten Jahrzehnte zeigte sich ein starkes Interesse an Verfahren, die von natürlichen Vorgängen inspiriert sind. Eines der jüngsten dieser Verfahren ist die „Ant Colony Optimization" (ACO, deutsch etwa: Ameisenkolonie-Optimierung), d.h. die Optimierung in Anlehnung an reale Ameisenkolonien und deren Verhalten bei der Futtersuche. Das Verfahren stellt wie allgemein bei den genetischen Algorithmen den Versuch dar, Optimierungsprobleme durch Adaption natürlichen Verhaltens heuristisch zu lösen. In dieser Seminararbeit wird dieses Verfahren beschrieben, die Anwendung an Beispielen illustriert und in das übergreifende Feld der Swarm Intelligence eingeordnet.

2 Vorstellung des Ant Colony Optimization Ansatzes

2.1 Historische Entwicklung

Der italienische Informatiker Marco Dorigo hat 1991 in seiner Doktorarbeit, welche er an der Universität Mailand ablegte, die Grundlagen eines Algorithmus unter Anwendung von Theorien über Ameisenkolonien vorgestellt. Er stützte sich dabei auf Forschungen von Jean-Louis Deneubourg und Kollegen (DENEUBOURG u.a., 1990; S. 159-168; GOSS u.a., 1989, S. 579-589). Die genannten haben in kontrollierten Experimenten gezeigt, dass futtersuchende Ameisen den kürzesten Weg zwischen ihrem Nest und einer Futterquelle finden können.

---

[1] richtiger: NP-schwer, NP = nicht deterministisch polynomielle Zeit

Daraus ergab sich der „Simple ACO" (S-ACO), die einfachste Form des Ansatzes, der anhand der Suche in einem Graph nach einem Pfad mit minimalen Kosten vor allem didaktischen Zwecken genügt, um die grundsätzlichen Mechanismen des Konzeptes zu erklären. Eine Weiterentwicklung ist das Ant System (AS), das anhand des „Travelling Salesman Problem" (TSP), des bekannten NP-schweren Problem aus der Logistik, die Anwendung der Ameisentheorie weiterentwickelte (DORIGO, COLORNI, UND MANIEZZO, 1991). In den folgenden Jahren beschäftigten sich immer mehr Wissenschaftler wie z.b. STÜTZLE und HOOS (*Max-Min Ant System*, 1998) oder BULLNHEIMER u. a. (AS_{rank},1997), mit dem Thema, da das AS bei vielen Anwendungen nicht mit den besten bekannten Algorithmen mithalten konnte. Es entstanden zahlreiche abgeänderte und verbesserte Algorithmen, die sich nicht nur mit dem ursprünglichen TS-Problem sondern auch mit anderen Problembereichen auseinandersetzen. 1999 bemühte sich Marco Dorigo, mittlerweile an der Freien Universität von Brüssel als Wissenschaftler tätig, zusammen mit seinem Kollegen Gianni Di Caro diese neuen Richtungen zusammenzufassen, um einen gemeinsamen Rahmen für die weiteren Forschungsarbeiten zu finden. Heraus kam der Ant Colony Optimization Meta Heuristic Ansatz (DORIGO, DI CARO & GAMBARDELLA, 1999, S. 137-172). Die ACO-Metaheuristik ist so generell gehalten, dass sich darauf aufbauend, mit z.t. nur geringen Änderungen, spezielle Ameisenalgorithmen entwickelt haben und sich auch in Zukunft entwickeln werden, die sich jeweils für die Lösung bestimmter Anwendungsprobleme eignen.

2.2 Anwendungsbereiche

Die Anwendungsbereiche des ACO sind sehr vielfältig. Grundsätzlich kann er für alle diskreten Optimierungsprobleme verwendet werden, für die man einen Mechanismus entwickeln kann, der auf Teillösungen aufbauend Schritt für Schritt zur vollständigen Lösung führt (vgl. DORIGO und STÜTZLE, 2003, S. 6). Aktuelle Anwendungen lassen sich in die zwei Teilklassen der statischen und dynamischen Optimierungsprobleme einordnen. Typische Beispiele für statische Probleme sind das TSP, das gleichzeitig ein Reihenfolgeproblem darstellt oder auch das Quadratic Assignment Problem (QAP), das in die Klasse der Zuordnungsprobleme gehört. Ein Beispiel für ein dynamisches Problem ist das Network Routing Problem, das vor allem in der Telekommunikation eine große Rolle spielt und im weiteren Verlauf dieser Arbeit vorgestellt wird. Bei dynamischen Problemen kann sich die Struktur während des Lösungsprozesses verändern. Beispiele hierfür sind das Wegfallen, die Addition oder die Änderung der Anordnung der Komponenten oder Änderungen der lokalen Informationen, wie z.B. die Änderung der Kosten der zur Verfügung stehenden Wege. Das

Network Routing Problem fällt gleichzeitig in die Kategorie der verteilten Probleme. Diese liegen dann vor, wenn das Problem innerhalb eines verteilten Systems auftritt und nur innerhalb dieses Systems gelöst werden kann. Der Prozess der Lösungsfindung ist dadurch auf mehrere Rechner aufgeteilt.

Die folgende Tab. 1 zeigt einen Überblick – ohne Anspruch auf Vollständigkeit - über die mit Ameisenalgorithmen (engl. Ant Algorithms) gelösten Problemstellungen. Zusammengestellt wurde diese Übersicht von Dr. Nils Boysen[2] an der Universität in Hamburg.

Tab. 1 Überblick über die mit Ameisenalgorithmen gelösten Problemstellungen
(Quelle: Boysen, 2004, S. 10)

Problemstellung	Fundort
Travelling Salesman Problem	Dorigo et al. (1991), Dorigo et al. (1996), Dorigo und Gambardella (1997), Stützle und Dorigo (1999b), Bullnheimer et al.(1997)
Vehicle Routing Problem	Bullnheimer et al. (1999), Gambardella et al. (1999a)
Quadratic Assignment Problem	Stützle und Hoss (1998), Stützle und Dorigo (1999a), Gambardella et al. (1999b)
JIT Sequencing Problem	McMullen (2001)
Graph Coloring	Costa und Hertz (1997)
Shortest Common Supersequence Problem	Michel und Middendorf (1999)
Constraint Satisfaction Problem	Roli et al. (2001)
Sequential Ordering Problem	Gambardella und Dorigo (2000)
Routing in Telekommunikationsnetzwerken	Di Caro und Dorigo (1997), Schoonderwoerd et al. (1997a), Schoonderwoerd et al. (1997b), Di Caro und Dorigo (1998)
Project Scheduling Problem	Merkle et al. (2000), Boysen et al. (2002)
Physikalische Speicherung von Daten im Data Warehouse	Maniezzo et al. (2001)
Graph Partioning	Kuntz und Snyers (1994)
Scheduling	Colorni et al. (1994), Stützle (1998), Merkle und Middendorf (2000), Stützle et al. (2000), Gagne et al. (2001), Gagne et al. (2002), T'kindt et al. (2002)
Assembly Line Balancing	Bautista und Pereira (2002)
Zuweisung von Radiofrequenzen	Maniezzo und Carbonaro (2000)
Portfolio-Selection	Maringer (2002)
Anordnung der Tasten auf einer Tastatur	Eggers et al. (2003)

2.3 Biologisches Vorbild der Ameise

Man weiß nicht genau, warum die Ameisen ökologisch so erfolgreich sind. Seit 140 Millionen Jahren hat diese Spezies kaum Änderungen in der Evolution erfahren. Der Schlüssel könnte die Schwarmintelligenz[3] sein, wie sie auch bei anderen Insektenstaaten zu

---

[2] Dr. Boysen ist seit dem Beginn des SS08 an der Universität Jena als Lehrstuhlinhaber „ABWL und Operations Management" tätig.

finden ist (vgl. BONABEAU, DORIGO, THERAULAZ, 1999a, S. 9 ff.). Weltweit kennt man rund 12.000 Ameisenarten mit jeweils besonderen Fähigkeiten. Bei vielen Arten sind die visuellen Fähig-keiten kaum ausgebildet und einige Arten sind sogar komplett blind. Die einzelnen Ameisen verfügen nur über einfachste Fähigkeiten, sind jedoch durch die Zusammenarbeit in einer Kolonie und ganz ohne zentrale Rolle eines Befehlgebers in der Lage, erfolgreich ihre täglichen Herausforderungen wie z.b. den gemeinsamen Transport von Gütern oder die flexible Arbeitsteilung zu meistern. Eines der erstaunlichsten Phänomene zeigt sich während der Futtersuche. So ist es den Ameisenkolonien möglich, kürzeste Wege zwischen zwei Punkten - z.b. dem Nest und einer Futterquelle - zu finden, wie folgender Abschnitt zeigt.

2.3.1 Beobachtung der Futtersuche von Ameisen

Ende der 80er Jahre wurde das Verhalten der Ameisen während der Futtersuche von DENEUBOURG u.a. (1990), sowie von GOSS u.a. (1989) experimentell untersucht. Zusammen-gefasst und beschrieben wurden diese Versuche auch in DORIGO und STÜTZLE (2004, S. 2-5), worauf dieser und der folgende Abschnitt basieren. Das Double Bridge Experiment war grundlegend für die Entwicklung der Ameisenkolonie-Optimierung. Für das Experiment wurde das Volk der argentinischen Ameise Iridomyrmex humilis (I.h.)[4] beobachtet, wie es einen Versuchsaufbau mit zwei variierenden Pfadlängen durchläuft. In der folgenden Abbildung wird der Versuchsaufbau mit dem Nest als Ausgangspunkt und der Futterquelle als Endpunkt dargestellt.

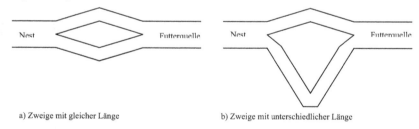

a) Zweige mit gleicher Länge   b) Zweige mit unterschiedlicher Länge

Abb. 1   Schematischer Versuchsaufbau „Double Bridge Experiment",
nach Goss et al. (1989), vereinfachte Darstellung

Zunächst waren beide Pfade, die zur Futterquelle führten gleich lang, siehe Versuchsaufbau a). Die eingesetzten Ameisen konnten frei entscheiden, welchen Weg sie vom Nest aus zur Futterquelle einschlagen wollten. Es wurde in mehreren Durchläufen beobachtet, wieviel

---

[3] siehe auch Kapitel 5
[4] jetzt Linepithema humile (vgl. GOSS u.a.., 1989 und DENEUBOURG u.a., 1990).

Prozent der Ameisen welche Abzweigung nahm. Das überraschende Ergebnis war, dass nach einer gewissen Zeit sich jeweils fast alle Ameisen auf den selben Pfad konzentrierten. Zeitweilig nahmen zwar einzelne Ameisen den zweiten Pfad, dies ebbte jedoch nach gewisser Zeit fast vollständig ab.

Der Versuchsaufbau von a) wurde nun dahingehend abgeändert, dass ein Pfad länger war als der andere, so dass der Versuchsaufbau dem von b) entsprach. Auch dieser Versuchsaufbau wurde in mehreren Durchläufen getestet und es stellte sich heraus, dass die Ameisen sich in den meisten Fällen jeweils auf den kürzesten Pfad konzentrierten. Man hätte nun in Analogie zum Aufbau in a) annehmen können, dass die Ameisen sich zwar in jedem Versuch auf einen Pfad einigen, dies aber zu etwa gleichen Prozentsätzen jeweils der kürzere oder der längere Pfad sein könnte. Was also hat die Ameisen dazu bewegt sich 1. auf nur einen Pfad und 2. sogar (meistens) auf den kürzeren zu beschränken? Diese Frage soll im nächsten Abschnitt geklärt werden.

2.3.2 Das Phänomen der Pheromonspuren

Viele Ameisenarten – so auch die Iridomyrmex humilis - sind fast blind und auch der akustische Sinn kann als nicht sehr ausgeprägt bezeichnet werden[5]. Der Informationsaustausch zwischen den einzelnen Individuen geschieht hingegen durch indirekte Kommunikation d.h. durch die Veränderung (= Adaption) der lokalen Umwelt. Hierfür hat sich der Begriff Stigmergy[6] eingebürgert. Die Ameisen produzieren chemische Duftstoffe, sogenannte Pheromone[7]. Manche Ameisenvölker wie z.B. die Lasius niger (BONABEAU u.a., 1997) oder auch die argentinische Ameise I.h. produzieren ein spezielles „Pfad-Pheromon" (engl. trail pheromone), das sie während ihrer Fortbewegung ständig aus einer Drüse am hinteren Teil ihres Körpers auf den Boden absondern. Damit werden Wege auf dem Boden markiert z.B. von den Futterquellen zum Nest und umgekehrt (vgl. GOSS u.a.. 1989, S. 579-581). Die Ameisen können diese Duftstoffe als Geruch wahrnehmen und daher dem entdeckten Pfad ebenfalls folgen.

Dies erklärt auch die beschriebene Beobachtung von Ameisen bei der Futtersuche. Zu Beginn des vorher beschriebenen Experiments existierte noch kein Pheromon auf den beiden Pfaden.

---

[5] Die Ameisen sind nahezu taub für Schallwellen, die durch Luft übertragen werden. Sie sind aber sehr empfindlich gegenüber Klangvibrationen, die durch Objekte übertragen werden. Dies ist für manche Ameisenarten ein sehr wirkungsvolles Warnsignal (HÖLLDOBLER und WILSON, 1990, S. 255-258), kann jedoch für die Effizienz bei der Futtersuche nicht als Erklärung herangezogen werden.
[6] Dieser Begriff wurde 1959 durch den französischen Biologen Pierre-Paul Grasse für die Beschreibung des Verhaltens von Termiten eingeführt (vgl. WIKIPEDIA: Stigmergy) und durch Eric BONABEAU (1999) geprägt.
[7] Das Wort „Pheromon" setzt sich aus den Wörtern "Pher" für „Tragen" und "Hormon" zusammen und bedeutet somit soviel wie "Hormonträger".

Die Ameisen wählen zunächst bei a) und b) mit derselben Wahrscheinlichkeit den einen oder anderen Pfad aus. Da jedoch zufällige Häufungen in der Wahl eines Pfades zu einem bestimmten Zeitpunkt auftreten können, wird jeweils ein Pfad stärker markiert als der andere. Dies geschieht bei a) rein zufällig und führt dazu, dass weitere Ameisen diesen Pfad ebenfalls wieder auswählen und schließlich die Masse der Ameisen zu einem Pfad hin tendieren. Im Fall von b) ist die Tendenz hin zum kürzeren Pfad nicht mehr rein zufällig. Es wird zunächst mit gleich hoher Wahrscheinlichkeit der kürzere oder der längere Pfad von den ersten Ameisen ausgewählt, da beide Pfade den Ameisen anfänglich als identisch erscheinen. Da nun jedoch tatsächlich ein Pfad kürzer als der andere ist, erreichen die Ameisen, die sich für diesen Pfad entscheiden, schneller die Futterquelle und finden sich somit auch schneller wieder im Nest ein. Durch die dadurch schon höhere Ablagerung von Pheromon auf dem kürzeren Pfad, wählen auch die nachfolgenden Ameisen mit höherer Wahrscheinlichkeit diesen Pfad aus. Dieses Phänomen ist unter dem Namen „Differential Path Length Effect" bekannt. Verglichen mit dem Versuchsaufbau unter a) haben bei b) die zufälligen Auswahlentscheidungen weniger Einfluss. Bei beiden Versuchen spielt die Autokatalyse eine große Rolle. Autokatalyse bedeutet, dass eine Entscheidung die im Zeitpunkt t getroffen wurde, die Wahrscheinlichkeit erhöht, dass die selbe Entscheidung zum Zeitpunkt T>t wieder getroffen wird, wodurch erst die Selbstorganisation ermöglicht wird. Durch kleine Entscheidungen und Aktionen, die sich ständig selbst verstärken, werden große „Entscheidungen" getroffen. Man spricht hierbei von emergentem Verhalten: Das Wirken einzelner Individuen auf der Mikroebene zeigt seine Resultate erst auf der Makroebene. Interessanterweise kann beobachtet werden, dass trotz der Längenunterschiede im Verlauf des Versuchs immer mal wieder bestimmte Ameisen den längeren Pfad auswählen. Man kann dies als eine Art von „Pfaderforschung" ansehen, das adaptives Verhalten ermöglicht und das Gefangensein in lokalen Optimas weitgehend verhindert. Ein nicht ganz so positives Ergebnis, das jedoch zur Entwicklung von ACO beitrug, brachte folgende Abänderung des Experiments. Zu Beginn wurde den Ameisen nur der längere Pfad zur Verfügung gestellt und nach 30 Minuten wurde der kürzere Pfad hinzugefügt. In diesem Fall wählten die Ameisen den kürzeren Pfad nur sehr selten und nach einer gewissen Zeit war die Ameisenkolonie im längeren Pfad „gefangen". Hier war offensichtlich die Pheromonverdunstung, die naturgemäß auftritt, nicht groß genug, um das suboptimale Ergebnis vergessen zu lassen und adaptives Verhalten zu ermöglichen. Dieses hier beschriebene kollektive, selbstorganisierende Verhalten der Ameisen ist die inspirierende Quelle für die Entwicklung der Ameisenalgorithmen (vgl. DORIGO und STÜTZLE, 2004, S. 2). Wie sagte schon in Walt

Disney's Film „A Bug's Life – Das große Krabbeln" Flik, die Ameise, so schön, nachdem ein Blatt als Hindernis mitten in eine Ameisenstraße fiel: „I am lost! Where is the line?!"

2.4 Einführung in das Konzept der „Künstlichen Ameise"

Es wurde bisher gezeigt, dass echte Ameisenkolonien eine „eingebaute Optimierungsfähigkeit" (vgl. DORIGO und STÜTZLE, 2004, S. 7) besitzen. Man kann sich nun vorstellen, dass man, um die Vorlage der Natur in mathematische Algorithmen umzusetzen, „einfach" die doppelte Brücke aus dem Experiment durch einen Graph und die Pheromonspuren durch „Künstliche Pheromonspuren", d.h. Gleichungen, die einen Akkumulationsprozess simulieren, ersetzen kann.

Um darüber hinaus in der Lage zu sein, kompliziertere Probleme als die der echten Ameisen zu lösen, vergibt man den „Künstlichen Ameisen" veränderte bzw. zusätzliche Fähigkeiten. Eine Veränderung besteht z.B. darin, keine Ablage von Pheromonen auf dem „Hinweg", d.h. während des wahrscheinlichkeitsgestützten schrittweisen Aufbaus einer Lösung, zuzulassen. Dadurch wird verhindert, dass die Lösung im Kreis verläuft und im schlimmsten Fall die Ameise in dieser Wiederholungsschleife gefangen bleibt. Erst auf dem Rückweg, nachdem eine ausführbare Lösung gefunden wurde und eventuelle Schleifen eliminiert wurden, kann damit Pheromon abgelegt werden. Man kann jedoch die Ablage auf dem Hinweg nicht ohne eine Gegenmaßnahme verhindern, da sichergestellt sein muss, dass die künstliche Ameise ihren Weg vom Ausgangspunkt zum Endpunkt nach der Lösungsfindung kennt. Die Lösung stellt die Einführung eines „Gedächtnis" dar, das den künstlichen Ameisen die Möglichkeit gibt, den gleichen Hin- und Rückweg zu wählen. Die Pheromonablage der künstlichen Ameisen auf dem Rückweg geschieht im Unterschied zu den echten somit deterministisch und nicht wahrscheinlichkeitsgestützt (vgl. DORIGO und STÜTZLE, 2004, S. 9-11). Ein weiterer Vorteil des „Gedächtnis" ist die Möglichkeit, weitere Beschränkungen (= Nebenbedingungen) in die Problemrepräsentation einzufügen. Die zusätzliche Fähigkeit der „Künstlichen Ameisen" die sie in die Lage versetzt, eine Menge an Pheromon proportional zur Güte der gefundenen Lösung abzulegen, ist durchaus auch auf die Inspiration durch einige echte Ameisenarten zurückzuführen. Zum Beispiel legt die Lasius niger auf dem Rückweg zum Nest eine Menge Pheromon ab, das proportional gesehen der Qualität der Futterquelle entspricht (BECKERS u.a., 1993, S. 751-759).

Für die Entwicklung der Algorithmen auf der Grundlage des Verhaltens echter Ameisen-kolonien sind zusammenfassend die Mechanismen der Stigmergy und der Autokatalyse, der

Differential Path Length Effect, die Pfaderfor4chung und die Pheromonverdunstung immens wichtig (vgl. DORIGO und STÜTZLE, 2004, S. 2).

Die Kernidee besteht darin, ein „Volk" von künstlichen Ameisen, zukünftig auch Agenten genannt, Simulationen durchführen zu lassen in denen die Lösungssuche mehrfach und jeweils gleichzeitig von vielen Agenten durchlaufen wird. Dies geschieht oft mit Hilfe des Verfahrens der lokalen Suche[8], um die gefundenen Lösungen schrittweise zu verbessern (vgl. DORIGO und STÜTZLE, 2003, S. 27). Nicht nur hierzu, sondern auch für die Wegsuche selbst, orientieren sich die Agenten zusätzlich an einer heuristischen Information, einer Prioritätsregel, die - übertragen auf die Wegsuche im TSP - bei der nächstgelegenen Weggabelung die Kanten je nach Länge unterschiedlich betont.

Charakteristisch ist ebenfalls, dass die künstliche Ameise nach ihrer Pfadsuche und ggfs. Pfadverstärkung „stirbt" und alle gebundenen Ressourcen frei gibt.

Im nun folgenden Abschnitt geht es schließlich um die Umsetzung des biologischen Vorbilds in einen metaheuristischen Ansatz, der als Modellrahmen für die Lösung vielfältigster diskreter Optimierungsprobleme herangezogen werden kann.

3 Teilalgorithmen und Komponenten der „Ant Colony Optimization"

Zur Repräsentation eines diskreten Optimierungsproblems gehört eine endliche Menge von Knoten und eine endliche Menge von gewichteten Kanten, die in einem Graph dargestellt werden können. Die Gewichtung bzw. Prioritätsfestlegung einer Kante entsteht durch eine Kostenfunktion, die als heuristische Information beispielsweise zeit- oder entfernungs-abhängig a priori hergeleitet werden kann. Die Kostenfunktion kann sich bei dynamischen Problemen auch im Zeitablauf ändern. Eventuell können auch mehrere Gewichtungen auf einer Kante existieren. Die Kanten können gerichtet oder ungerichtet sein. Bei ungerichteten Kanten sind die Kosten nicht von der Bewegungsrichtung abhängig. Dies ist z.B. in Abb. 1 beim Beispiel der Futtersuche der Fall. Wenn die Kanten gerichtet sind, können sich die Kosten von Knoten A zu Knoten B gegenüber den Kosten von Knoten B zu Knoten A unterscheiden. Dies kommt u.a. beim Network Routing Problem häufig vor. Desweiteren können Beschränkungen, beispielsweise bezüglich der Start- und Zielknoten oder der Existenz von Kanten, definiert werden. Eine weitere charakteristische Eigenschaft von Optimierungsproblemen ist, dass das Problem mehrere Zustände aufweist. Diese werden als Sequenzen von Knoten ausgedrückt, wobei die Menge aller gültigen Sequenzen alle

---

[8] vgl. hierzu auch die beschriebenen Dämon-Aktionen in Abschnitt 3.3

Beschränkungen erfüllen muss. Die Lösung eines diskreten Optimierungsproblems ist eine gültige Sequenz, die alle Anforderungen des Problems erfüllt. Die Aufgabe besteht darin, den Pfad (= Sequenz) im Graphen zu finden, der die Gesamtkostenfunktion unter Beachtung der Nebenbedingungen minimiert. Die Gesamtkosten der Lösung ergeben sich aus einer bestimmten Funktion, die von den Kosten aller Kanten, die in der Lösung enthalten sind, abhängig ist. Des Weiteren existiert eine geregelte Nachbarschaftsstruktur[9], die besagt, welche Sequenzen miteinander benachbart sind (vgl. DORIGO und DI CARO, 1999, S. 1470). Der Pseudo-Rahmencode für den ACO Metaheuristik Algorithmus ist sehr einfach und wird in Abb. 2 vorgestellt.

```
Prozedur ACO_meta-heuristic()
    Wiederholung solange (Zielerreichungs- oder Abbruchskriterium_nicht_erfüllt)
        Aktivitäten_Plan
            Ameisen_Generierung und _Aktivitäten()
            Pheromon_Verdunstung()
            Dämon_Aktivitäten()  // optional
        Ende_Aktivitäten_Plan
    Ende Wiederholung
Ende Prozedur
```

Abb. 2   Pseudo-Algorithmus[10] ACO-Metaheuristik, Teil 1 (nach DORIGO und DI CARO, 1999, S. 1472)

In den nachfolgenden Abschnitten erfolgt die Einführung der Teilalgorithmen der ACO Metaheuristik anhand des von COLORNI, DORIGO und MANIEZZO 1991 entwickelten Ant System-Algorithmus, auf dessen Grundlage verbesserte bzw. spezialisiertere Ameisenalgorithmen entwickelt werden. Die Erweiterungen integrieren u.a. optionale Dämon-Aktivitäten, wie sie in Abschnitt 3.3 vorgestellt werden.

Außerdem wird Ant System anhand eines sehr einfachen Travelling Salesman Problems (TSP) illustriert. Durch eine Anzahl Städte mit einer Stadt als Startpunkt ist eine möglichst kurze Rundreise zu finden, wobei jede Stadt genau einmal besucht werden soll[11]. Die Besuchsrichtung spielt hierbei keine Rolle, womit es sich um ein symmetrisches TSP handelt. Dieses klassische Problem ist äußerst komplex: für n Städte existieren (n-1)!, bei 15 Städten bereits Milliarden mögliche Touren. In unserem Beispiel besteht die Rundtour nur aus 4 Städten und es kommen somit 6 verschiedene Touren in Frage. Als Abbruchbedingung wird die maximale Iterationszahl auf ebenfalls 6 festgelegt. In Abb. 3 wird das TSP graphisch veranschaulicht.

---

[9] Eine Nachbarsequenz s2 von s1 muss immer in einem logischen Schritt von s1 zu s2 erreicht werden können. Ein logischer Schritt kann darin bestehen, dass man sich bei der letzten Weggabelung nicht für die Kante, die bei s1 ausgewählt wurde, entscheidet, sondern für eine andere von der Weggabelung aus erreichbare Kante. Es müssen somit alle Elemente der Sequenz von s2 bis auf ein Element gleich wie die Elemente von s1 sein
[10] Kommentare werden in dieser sowie in den folgenden Algorithmen mit „ //" abgetrennt.
[11] Dies bedeutet, dass die Lösung aus einem hamiltonischen Kreis bestehen muss.

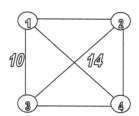

Distanzmatrix J_{ij}			

J_{ij}	1	2	3	4
1	-	_10_	_10_	_14_
2	_10_	-	_14_	_10_
3	_10_	_14_	-	_10_
4	_14_	_10_	_10_	-

Abb. 3   Darstellung eines einfachen Travelling Salesman Problem. Quelle: in Anlehnung an HANSMANN (o.J.)

3.1 Ameisen-Generierung und -Aktivitäten

Zunächst werden die Ameisen generiert und die Aktivitäten der Ameise durchgeführt und dokumentiert. Der allg. Pseudo-Code in Abb. 4 zeigt den Aufbau dieses Teilalgorithmus:

```
Prozedur Ameisen_Generierung und _Aktivitäten()
    Wiederholung solange (Ressourcen_verfügbar)
        // Oft gleichzeitiger Ablauf bis alle vorgesehenen Ameisen „auf dem Weg" sind
        Neue_ Ameisen_Generierung()
        Ameisen_Aktivität_während_ihres_Lebenszyklus()
    Ende Wiederholung
Ende Prozedur
```

Abb. 4   Pseudo-Algorithmus ACO-Metaheuristik, Teil 2 (nach DORIGO und DI CARO, 1999, S. 1472)

In Abb. 5 wird die Prozedur „*Ameisen_Aktivität_während_ihres_Lebenszyklus*" schematisch in einem Pseudo-Code dargestellt:

```
Prozedur Ameisen_Aktivität_während_ihres_Lebenszyklus()
    Ameiseninitialisierung()
    M = Aktualisiere_Ameisen_Gedächtnis()
    Wiederholung solange (derzeitiger_Zustand ≠ erwünschter_Zustand)
        A = Lese_lokale_Ant-Routing-Tabelle()
        P = Berechne_Übergangswahrscheinlichkeiten (A, M, Ω)
        Nächster_Zustand = Wende_Ameisentscheidungsregel_an (P, Ω)
        Bewege_Dich_zum_nächsten_Zustand (Nächster_Zustand)
        Wenn (Online_Step-by-step_Pheromon_Update)
            Ablagerung_von_Pheromon_auf_der_besuchten_Kante()
            Aktualisiere_Ant-Routing-Tabelle()
        Ende Bedingung
        M = Aktualisiere_interner_Zustand()
    Ende Wiederholung
    Wenn (Online_Delayed_Pheromon_Update)
        Für jede besuchte_Kante ∈ ψ unternehme
            Ablagerung_von_Pheromon_auf_der_besuchten_Kante()
            Aktualisiere_Ant-Routing-Tabelle()
        Ende Listenabarbeitung
    Ende Bedingung
    Ameise_stirbt()
Ende Prozedur
```

Abb. 5   Pseudo-Algorithmus ACO-Metaheuristik, Teil 3 (nach DORIGO und DI CARO, 1999, S. 1472)

Im Ant System für unser TSP sieht der Ablauf nun wie folgt aus (siehe auch die Pseudobeschreibung

des Algorithmus im Anhang):

1. Initialisierung des Algorithmus

Bei der Initialisierung werden zunächst der Zyklenzähler N_C auf 1 und die Zeit t auf 0 gesetzt.

2. Initialisierung der Ameisen und des Zyklus

Dann werden Agenten auf die Städte C verteilt, und zwar je einer pro Stadt. Die Anzahl m der Ameisen wird bei jeder Iteration konstant gehalten. Gleichzeitig werden die Hintergrundspeicher M^k bereitgestellt. Die Hintergrundspeicher M^k enthalten das Umgebungswissen. Jede Ameise k führt einen Hintergrundspeicher mit sich. Die besuchten Städte werden der Reihe nach als Liste eingetragen, um sicherzustellen, dass jede Stadt nur einmal besucht wird. Anhand dieser Liste lässt sich der von der Ameise zurückgelegte Weg nachvollziehen und darüber hinaus auch die Güte der Lösung berechnen. Diese Hintergrundspeicher können auch als Tabulisten bezeichnet werden. Zunächst wird in diese Tabulisten jeweils die Startstadt eingetragen.

In unserem **Beispiel TSP** arbeiten wir nur mit einer Ameise[12], d.h. $m = 1$. Dies sollte dem Erklärungszweck genügen. Dann sieht die Tabuliste zu Beginn wie folgt aus:

Weg¹ =	1			

3. Aufbau der Touren

Nun ziehen die Agenten unabhängig voneinander von Stadt zu Stadt. Das Travelling Salesman Problem erfordert hierzu die Einführung von Ant-Routing Tabellen A_i. Die Ant-Routing Tabellen A_i enthalten die Markierungsstärken und die Entfernungen zwischen den einzelnen Knoten. Jeder Knoten i besitzt eine solche Ant-Routing Tabelle, in der die Menge der Nachbarknoten j wie auch die Markierungsstärken $\tau_{ij}(t)$ und die Entfernungen J_{ij} hin zum selbigen verarbeitet sind. Die Ant-Routing Tabellen $A_i = [a_{ij}(t)]$ erhält man durch folgende funktionale Zusammensetzung:

$$a_{ij} = \frac{\left[\tau_{ij}(t)\right]^\alpha \left[\eta_{ij}\right]^\beta}{\sum_{l \in N_i} \left[\tau_{il}(t)\right]^\alpha \left[\eta_{il}\right]^\beta} \quad \forall j \in N_i \quad (1)$$

Um Entfernungen als heuristische, lokale und meist statische Werte in die Wahl einfließen lassen zu können, definiere man die Sichtbarkeit eines Knoten zum anderen als $\eta_{ij} = 1/J_{ij}$. Je kürzer also die Entfernung zwischen den Städten i und j ist, desto höher ist die Sichtbarkeit

---

[12] Mit dieser Einschränkung nähern wir uns hier einem „Greedy Algorithmus" an, dem auch nur ein Agent zur Verfügung steht. Um größere Probleme effizient lösen zu können, muss die Population größer gewählt werden.

η_{ij}. Im Zyklus $N_C = 1$ beträgt die Markierungsstärke, d.h. die Summe der Erfahrungswerte, die die Agenten gesammelt haben, $\tau_{ij}\ (t) = 1$. Die Bedingung $j \in N_i$ stellt sicher, dass nur benachbarte Knoten vom Ausgangspunkt i betrachtet werden.

Die Gleichung ist mit Gewichtungsparametern α und β versehen, die sinnvoll gewählt werden müssen. Wählt man die Gewichtung für Markierungen α zu klein, wird die Kooperationsfähigkeit zwischen den Ameisen zu sehr eingeschränkt. Man erhält dann nur viele kleine Suchräume je Agent und das Verfahren ähnelt einem klassischen stochastischen „Multigreedy Algorithmus". Wählt man die Gewichtung für Markierungen α zu groß, werden die Markierungsstärken anderer Ameisen zu sehr betont: bald folgen alle Ameisen der gleichen Tour und es kommt zur Stagnation der Suche. Setzt man die Gewichtung für Sichtbarkeiten β zu klein (kleiner 1) an, arbeitet der Algorithmus fast bis ganz (bei 0) unabhängig von den Entfernungen zwischen den Knoten, das TSP-Problem bzw. der Algorithmus ist jedoch gerade darauf angewiesen. Die Gewichtung für Sichtbarkeiten β sollte zwischen 1 und 5 liegen, in Abhängigkeit davon die Gewichtung für Markierungen α zwischen 0.5 und 1. DORIGO (1992) hat folgende Werte für optimal befunden $\alpha = 1$ und $\beta = 5$.

Der Wert $a_{ij}\ (t)$ für die Ant Routing Tabelle A_i berechnet sich nun also aus der Multiplikation der Markierungsstärke und der Sichtbarkeit für die Kante l_{ij}, dividiert durch die Aufsummierung dieser Multiplikation für alle potentiell in Frage kommenden Nachbarknoten j. j kann nur Element der benachbarten unbesuchten Städte sein. Bei Markierungsverstärkungen nach der Bewertung oder - seltenerer - Änderungen der Distanzen werden die Tabellen aktualisiert.

Ein Agent k in der Stadt i entscheidet anhand einer Monte-Carlo-Auswahl welchen Weg er in dieser Iteration zur Zeit t fortsetzen wird. Hierfür wird mit Hilfe der Ant-Routing Tabelle die Wahrscheinlichkeit p^k_{ij} bestimmt. Diese Entscheidungsregel zeigt Gleichung (2).

$$p^k_{ij}(t) = \frac{a_{ij}(t)}{\sum_{l \in N^k_i} a_{il}(t)} \qquad (2)$$

Hierbei ist zu beachten, dass für die Berechnung nur die Kanten l_{ij} ausgewählt werden, die zu den Nachbarknoten von Knoten i führen und die von Agent k auf dieser Tour noch nicht besucht wurden. Man kann also p^k_{ij} nicht mit $a_{ij}\ (t)$ gleichsetzen. Ist j nicht in einem Schritt von i aus erreichbar oder wurde j schon von Agent k besucht, so ist die Wahrscheinlichkeit gleich Null. In Erweiterungen der Grundform kann nun auch z.B. festgelegt werden, dass je nach Zufallszahl, die gezogen wird, jeweils eine Monte-Carlo-Auswahl nach obigen Regeln vorgenommen wird oder aber strikt derjenige Weg mit der höchsten Wahrscheinlichkeit $p^k_{ij}\ (t)$

gewählt wird. Dies geschieht z.B. in der AS Erweiterung Ant Colony System (ACS) nach DORIGO und GAMBARDELLA (1997).

Nach der Auswahlentscheidung wird für jeden Zug die besuchte Stadt in die Tabuliste eingetragen. Dies wird wiederholt, bis alle Agenten ihre Rundreisen beendet haben.

Für unser **Beispiel TSP** ergibt sich nun im Zyklus 1 folgendes: die nichtbesuchten Nachbarstädte sind $N_1 = (2, 3, 4)$. Die Werte a_{12}, a_{13}, a_{14} berechnen sich aus Gleichung (1) und lauten unter Annahme der Parameterwerte $\alpha = 1$ und $\beta = 5$ wie folgt:

$$a_{12} = 0{,}4575,\ a_{13} = 0{,}4575,\ a_{14} = 0{,}0850$$

Dies entspricht in diesem Fall auch den Wahrscheinlichkeiten $p'_{ij}(t)$ da die Summe der a_{ij} gleich 1 ist! Die gesamte Ant-Routing Tabelle A_i ist in Tab. 2 dargestellt.

Tab. 2   Ant-Routing Tabelle A_i zu Beginn des Zyklus 1

a_{ij}	1	2	3	4
1	-	0,4575	0,4575	0,0850
2	0,4575	-	0,0850	0,4575
3	0,4575	0,0850	-	0,4575
4	0,0850	0,4575	0,4575	-

Es folgt nun die Entscheidung über die Wegfortsetzung mit Hilfe einer Monte-Carlo-Auswahl wie Sie in Abb.6 gezeigt wird:

Abb. 6   Monte Carlo-Auswahl in Zyklus 1 (eigene Berechnung)

Der Weg wird nun also mit Stadt 2 fortgesetzt:

$Weg^1 =$	1	2		

Nun wiederholt sich der Auswahlprozess für Stadt 2. Die nichtbesuchten Nachbarstädte sind $N_2 = (3, 4)$. Die Werte der Ant Routing Tabelle betragen $a_{23} = 0{,}0850$ und $a_{24} = 0{,}4575$. Hieraus berechnen sich die Wahrscheinlichkeiten $p'_{23} = 0{,}1567$ und $p'_{24} = 0{,}8433$. Die Monte-Carlo-Auswahl entscheidet sich nun für die Stadt 3, was uns zwar – rational betrachtet – unsinnig erscheint, aber aufgrund der zufälligen Auswahl durchaus möglich ist. Die Tour sieht zum jetzigen Zeitpunkt also wie folgt aus:

Weg¹ =	1	2	3	

Es bleibt als noch nicht besuchte Nachbarstadt nur die Stadt 4 übrig. Unsere Tour kann also vervollständigt werden:

Weg¹ =	1	2	3	4

4. Bewertung der Tour und Pheromon-Update

Vor der Bewertung wird die Gesamtlänge jeder Agenten-Tour anhand der Tabuliste berechnet. Ist diese kürzer als die bislang kürzeste wird selbige festgehalten. Zusätzlich bewegt sich nun jede Ameise k anhand der Tabuliste zurück zum Startpunkt und legt hierbei eine bestimmte Menge an Pheromon auf jeder Kante l_{ij}, die sie benutzt hat, ab. Nicht benutzte Kanten bekommen kein Pheromon-Update. Wie hoch die jeweilige Pheromonmenge ist, erkennt man anhand folgender Gleichung (3). Außerdem stellt die Gleichung dar, dass nach und nach für jede Kante die längenabhängigen Bewertungen (= Markierungen) aller Agenten aufsummiert werden:

$$\tau_{ij}(t) \leftarrow \tau_{ij}(t) + \Delta\tau_{ij}(t) \quad \forall \; l_{ij} \in \psi^k(t)$$

$$mit \quad \Delta\tau_{ij}(t) = \sum_{k=1}^{m} \Delta\tau_{ij}^k(t)$$

$$und \quad \Delta\tau_{ij}^k(t) = \frac{1}{J_\psi^k(t)}$$

$$und \quad J_\psi^k(t) = L\ddot{a}nge\, der\, Tour\; \psi^k(t)\, von\, Ameise\, k\, zur\, Zeit\, t \qquad (3)$$

Bei dieser Vorgehensweise werden erst am Ende einer Tour alle zugehörigen Kanten jeweils gleich verstärkt. Die Verstärkung erfolgt hierbei antiproportional zur Tourlänge[13]. Der Name für diese Form des Algorithmus ist Ant-Cycle. Diese Form weist die überlegensten Eigenschaften auf: zu kürzeren Pfaden gehörende Kanten werden mit mehr Pheromon bedacht und die Wahrscheinlichkeit p_{ij}^k, dass die Ameisen diese Kante wählen, wird somit erhöht und eine Bevorzugung bereits häufig besuchter Kanten gewährleistet. Die Überlegenheit von Ant-Cycle begründet sich damit, dass hier die Agenten mit kürzeren Touren mehr auf die Kanten auftragen als solche mit längeren. Die Information liegt global vor[14].

Wenn alle Agenten an der Reihe waren, werden die neuen Markierungsstärken im Speicher M^k abgelegt. Bevor alle Ameisen sterben und ihre Ressourcen frei geben, kommt ein Vorgang

---

[13] Statt 1 durch die Länge der Tour zu dividieren, kann auch ein Parameter Q frei gewählt werden. Beste Ergebnisse zeigen sich nämlich, wenn sich Q in der Größenordnung der zu erwartenden Länge der Tour befindet.
[14] Hingegen können bei den ersten Formen des Algorithmus Ant-Density und Ant-Quantity nur lokale Informationen genutzt werden, da jede Kante gleich verstärkt wird für die Tour ausgewählt wurde mit Pheromon verstärkt wird und die Suche dann nicht aufgrund des Ergebnisses der Gesamtlösung der Tour erfolgt. Bei Ant-Density wird jede besuchte Kante sofort um eine konstante Größe Q verstärkt. Bei Ant-Quantity wird die Kante antiproportional zu ihrer Länge (also Q - z.B. 1- dividiert durch die Länge) verstärkt.

ins Spiel, der für die Lösungssuche immens wichtig ist. Dies ist die Pheromon-Verdunstung, auf die im folgenden Abschnitt näher eingegangen wird.

In unserem **Beispiel TSP** wird zunächst die Tourlänge berechnet (siehe Abb. 7). Da wir nur eine Ameise „im Spiel" haben, ist die Berechnung der neuen Pheromonablagerungen nach Gleichung (3) ein leichtes. Nur die Markierungsstärken τ_{ij} der benutzten Kanten l_{ij} werden aktualisiert, alle anderen τ_{ij} bleiben gleich 1. Die Tab. 3 zeigt die neuen Werte:

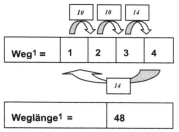

τ_{ij}	1	2	3	4
1	-	1,0208	1	1
2	1	-	1,0208	1
3	1	1	-	1,0208
4	1,0208	1	1	-

Abb. 7 Berechnung der Weglänge   **Tab. 3** Berechnung Markierunsmengen τ_{ij} in Zyklus 1

3.2 Pheromon-Verdunstung

Um ein schnelles Konvergieren hin zu einem suboptimalen Ergebnis zu vermeiden, sollte man zur Erforschung bislang unbekannter Kanten die Markierungsmengen verdunsten lassen. Man führt also eine nützliche Form von „Vergessen" ein. Hierdurch haben auch Kanten, die bisher nicht besucht wurden, eine größere Chance in den Such- und damit Lösungsraum miteinbezogen zu werden. Dazu werden pro Iteration alle neuen Markierungsmengen τ_{ij} *(t)* aller Kanten l_{ij} exponentiell vermindert um:

$$\tau_{ij}(t) \leftarrow (1-\rho)\tau_{ij}(t) \quad mit \, \rho \in [0,1] \qquad (4)$$

Die alten Markierungen verdunsten somit durch einen Faktor kleiner 1. DORIGO (1992) hat herausgefunden, dass hierfür $\rho = 0,5$ eine gute Annahme darstellt.

Bei der frühen Form des Algorithmus (DORIGO, 1992) wurde die Verdunstung vor dem Pheromon-Update vorgenommen. Ich folge hier jedoch der Darstellung von DORIGO und DI CARO (1999) mit dem Ablauf in der umgekehrten Reihenfolge, so dass der Aufbau der Meta-Heuristik eingehalten wird. Nach der Verdunstung werden die Elemente der Ant-Routing-Tabellen entsprechend neu berechnet und aktualisiert.

Im **Beispiel TSP** ergeben sich nach der Pheromonverdunstung unter Annahme von $\rho = 0,5$ und Gleichung (4) somit folgende neue Markierungsmengen τ_{ij} *(t)* (Tab. 4) und Ant-Routing Tabelle A_i (Tab. 5):

Tab. 4	Berechnung neue Markierungsmengen τ_{ij} nach der Pheromonverdunstung

$\tau_{ij\ neu}$	1	2	3	4
1	-	0,5104	0,5	0,5
2	0,5	-	0,5104	0,5
3	0,5	0,5	-	0,5104
4	0,5104	0,5	0,5	-

Tab. 5	Berechnung neue Ant-Routing Tabelle A_i nach der Pheromonverdunstung

$a_{ij\ neu}$	1	2	3	4
1	-	0,4626	0,4532	0,0842
2	0,4567	-	0,0867	0,4567
3	0,4531	0,0843	-	0,4626
4	0,0866	0,4567	0,4567	-

Nun sterben die Ameisen unter Rückgabe Ihrer Ressourcen und der Zyklenzähler N_C wird um 1 erhöht. Hat der Zyklenzähler die maximale – d.h. zu Beginn festgelegte – Iterationszahl oder die Population Stagnationsverhalten erreicht, wird die Wiederholungsschleife abgebrochen und die bislang kürzeste Tour ausgegeben. Ist dies nicht der Fall werden alle Tabulisten gelöscht und der Ant-Cycle außer der Initialisierung des Zyklenzählers wird erneut ausgeführt.

Im **Beispiel TSP** stirbt unsere Ameise nun und der Zyklenzähler wird auf 2 erhöht. Nachfolgend ist zur Illustration in Abb. 8 noch eine Iteration dargestellt (unter Beachtung der Tab. 5). Als Startpunkt wird wiederum die Stadt 1 gewählt, worauf die neue Ameise gesetzt wird.

$N_1 = (2, 3, 4)$, $p^l_{12} = 0{,}4626$, $p^l_{13} = 0{,}4532$, $p^l_{14} = 0{,}0842$	Monte-Carlo-Auswahl : Stadt 3
$N_2 = (2, 4)$, $p^l_{32} = 0{,}1541$, $p^l_{34} = 0{,}8459$	Monte-Carlo-Auswahl : Stadt 4
$N_3 = (2)$,	Auswahl: Stadt 2
Weg¹ = | 1 | 3 | 4 | 2 |	Berechnung Weglänge: 40

Abb. 8   Ant System Berechnung für das TSP in Zyklus 2

Hiermit haben wir schon das optimale Ergebnis gefunden. Der Algorithmus würde nun aber noch Pheromon updaten, verdunsten lassen und solange weiterrechnen bis er eine Stagnation feststellen kann bzw. das Iterationsmaximum von 6 erreicht. In einem Experiment mit einem ähnlich aufgebauten, ausführbaren Programm in Visual Basic (vgl. PYL und RUDOLPH, 2008) zeigte sich, dass von 20 Versuchen 65% der Simulationen in 4 bzw. weniger Iterationen das optimale Ergebnis gefunden haben[15].

---

[15] Da das Terminationskriterium in diesem Programm nicht auf 6 festgelegt ist, werden teilweise auch mehr Iterationen durchgeführt.

Dieser Grundablauf kann nun um optionale Dämon-Aktivitäten erweitert werden, um die Performance des Algorithmus weiter zu verbessern. Diese Aktivitäten werden dann vor der Wiederholung des Aktivitäten-Plans noch zusätzlich in den Algorithmus eingebaut.

3.3 Optionale Dämon-Aktionen

Dämon-Aktivitäten sind optionale Komponenten der ACO-Meta Heuristik, die benutzt werden, um zentralisierte Aktionen, vor allem Bewertungen, einzuführen, welche nicht von einer einzelnen Ameise ausgeführt werden können. Dies geschieht z.b. durch lokale Optimierungsprozeduren oder die Sammlung von globalen Informationen, die für Entscheidungen genutzt werden können, ob es sinnvoll ist oder nicht, zusätzliches Pheromon abzulegen. Der Suchprozess wird damit unter Zuhilfenahme einer nicht lokalen Perspektive beeinflusst. Ein einfaches Beispiel stellt z.b. ein Dämon dar, der die gefundenen Touren der einzelnen Ameisen bewertet und z.b. auf die Kanten, die zur kürzesten Tour gehören, weiteres Pheromon ablegt. Ein solches Vorgehen wird auch als „Offline Pheromon-Update" bezeichnet[16].

Der oben beschriebene Dämon wird z.b. in der Erweiterung von AS, dem Elitist Ant System von DORIGO u.a. (1991a, 1996) oder auch in „AS_{rank}" in Verbindung mit einer Rankingliste, die bestimmt, wie viel Pheromon jede Tour zusätzlich erhält (BULLNHEIMER u.a., 1997) angewandt.

Im *Beispiel TSP* können wir keine Dämon-Aktivitäten einfügen, da wir nur mit einer Ameise arbeiten. Die Grundzüge der Funktionsweise eines Dämons sollten dennoch deutlich geworden sein.

4 Lösung eines Network Routing Problem

Nachfolgend wird die Funktionsweise von agenten-basiertem Internetrouting, das eine Anwendung eines allgemeinen dynamischen Network Routing Problems im Bereich der Kommunikation darstellt, am Beispiel des sogenannten AntNet vorgestellt und mit anderen aktuellen Routing-Algorithmen verglichen, um dessen Leistungsfähigkeit zu beurteilen.

---

[16] Die gleichzeitige Ablagerung während des Aufbaus der Lösung wird als „Online Step-by-Step Pheromon-Update" und die nachträgliche Ablagerung auf dem Rückweg zum Startpunkt als „Online Delayed Pheromon-Update" bezeichnet. In manchen Algorithmen kommt das „Online Step-by-Step Pheromon-Update", das dem ursprünglichen Verhalten der Ameisen entspricht, zum Einsatz. In unserem vorgestellten Ant System Ansatz wurde dieses Konzept im Gegensatz zum „Online Delayed Pheromon-Update" jedoch nicht angewandt (vgl. Abb. 5 Pseudo-Algorithmus ACO-Metaheuristik, Teil 3 (nach DORIGO und DI CARO, 1999, S.1472))

4.1 Darstellung des zu lösenden Problems

Das Network Routing stellt eine Kernaufgabe eines jeden Netzwerkkontrollsystems dar. Mit der weltweit wachsenden Nachfrage und dem zunehmenden Angebot an Kommunikationsdienstleistungen wird eine effiziente Datenübertragung immer wichtiger. Die Aufgabe besteht darin, den Datenverkehr so zu lenken, dass bestimmte Anforderungen an die Netzwerkleistung wie z.b. schneller und vor allem (möglichst) vollständiger Durchsatz der Daten, erfüllt werden. Die Ausgangspunkte, die Ziele und die Anzahl der Datenpakete sind von der Nachfrage im Netzwerk abhängig, und müssen nicht im Voraus bekannt sein. Das Problem ist auf mehrere (Gateway-)Rechner, die im Folgenden als Knoten bezeichnet werden, verteilt. Der Unterschied zum bereits vorgestellten TSP ist somit die Zweidimensionalität, da die Auswahl des nächsten Knoten nicht nur vom Abstand zu diesem, sondern auch vom vorgesehenen Start- und Zielpaar des Datenpakets abhängig ist. Die Dynamik entsteht durch die ständige Veränderung der Auslastung der diversen Knoten. Außerdem können sich die Kosten und auch die vorhandenen Knoten im Zeitablauf je nach Datenaufkommen und Änderungen der physikalischen Eigenschaften, z.B. Standorten von Knoten, ändern. Das Problem ist also dynamisch und liegt verteilt vor. (vgl. Dorigo und DI CARO, 1999, S. 1474). Zu beachten ist, dass dies kein NP-hartes, sondern ein dynamisches „Endlosproblem" darstellt.

Kommunikationsnetzwerke können entweder als „circuit-switched" (d.h. im Kreis geschaltet) oder als „packet-switched" (im Paket geschaltet) klassifiziert werden. Typische Beispiele für ein „packet-switched" Netzwerk stellen ein LAN (= Local Area Network) oder das hier betrachtete Internet dar. Charakteristisch für diese Art von Netzen ist, dass jedes Datenpaket im Prinzip einer anderen Route folgen kann und keine geschlossenen Kreisläufe wie z.B. im Telefonnetz, das ein typisches Beispiel für ein „circuit-switched" Netzwerk[17] darstellt, aufgebaut werden. Effektives Routing wird durch verteilte Router erreicht., welche durch eine hohe Redundanz Verlässlichkeit garantieren, eine gute Fehlertoleranz haben und eine große Flexibilität bzw. Anpassungsfähigkeit ermöglichen. Der AntNet-Algorithmus, der im Folgenden dargestellt werden soll, bietet genau diese Möglichkeiten.

4.2 Vorstellung des Verfahrens

AntNet wurde durch DORIGO und DI CARO 1998 zum ersten Mal vorgestellt. Die folgende Beschreibung des Verfahrens basiert auf den Ausführungen in DORIGO und DI CARO (1998),

---

[17] Der Algorithmus Ant Based Control (ABC) beruht auf der Ameisenoptimierung und wurde speziell für die Anwendung von Routing in Telefonnetzen entwickelt (vgl. Schoonderwoerd u.a., 1996).

DORIGO und DI CARO (1999) und DORIGO und STÜTZLE (2004, S. 223 ff). Das Netz besteht in diesem Modell aus einer Menge von Knoten N, wobei jeder Knoten i einen oder mehrere Nachbarknoten k_i besitzt. Das Netz wird von zwei Arten von Ameisen bereist. Grob definiert sammeln vorwärts laufende Ameisen auf dem Weg von einem Quellknoten s (Source) zu einem Zielknoten d (Destination) Informationen über den gewählten Weg und die rückwärts laufenden Ameisen aktualisieren auf dem Rückweg von d nach s die – in etwas abgewandelter Form auch hier genutzten - Ant-Routing-Tabellen. Jeder Agent entscheidet für sich selbst, welchen Weg er einschlagen möchte. Kommunikation findet nur indirekt durch den Austausch der in den Ant-Routing-Tabellen enthaltenen Informationen statt. Im Vergleich zu anderen Routingverfahren ist die Idee beim AntNet, dass das Routing der Pakete auf Grund des aktuell bestehenden Datenverkehrs - im weiteren Verlauf auch „Traffic" genannt - geschehen soll. Bei anderen Verfahren basiert das Routing in der Regel nur auf den angegebenen Kosten, wobei diese Kosten verschiedene Faktoren berücksichtigen können, wie beispielsweise Entfernungen oder zeitliche Aspekte. Wie die genannte Idee nun implementiert wird, zeigen die nächsten Abschnitte. Zunächst folgt hier aber zur groben Orientierung der Pseudo-Algorithmus nach DORIGO und STÜTZLE (2004, S. 232)

```
Prozedur AntNet (t, t_end, Δt)
Eingabe t            //aktuelle Zeit
Eingabe t_end        //Dauer der Simulation
Eingabe Δt           //Zeitintervall zwischen den Ameisengenerationen
Für jedes i ∈ Knoten des Netzwerk unternehme        //gleichzeitige Aktivität im Netzwerk
    M = Initialisiere_lokales_Traffic-Modell
    Γ = Initialisiere_ Pheromonmatrix ()
    Wiederholung solange (t ≤ Δd)
        Gleichzeitige_Aktivität        //gleichzeitige Aktivität in jedem Knoten
            Wenn (t mod Δd) = 0
                Ziel = Auswahl_Ziel (Traffic_Verteilung_an_der_Quelle)
                Generiere_vorwärts_laufende Ameise (Quelle, Ziel)
            Ende Bedingung
            Für jede (Aktive_vorwärts_laufende_Ameise [Quelle, Aufenthaltsort, Ziel]) unternehme
                Wiederholung solange (Aufenthaltsort ≠ Ziel)
                    Nächster_Sprung = Wähle_Kante (Aufenthaltsort, Ziel, Warteschlange, Γ)
                    Setze_Ameise_in_Warteschlange_der_Kante (Aufenthaltsort, Nächster_Sprung)
                    Warte_in_Warteschlange_der_Datenpakete (Aufenthaltsort, Nächster_Sprung)
                    Überquere_die_Kante (Aufenthaltsort, Nächster_Sprung)
                    Speichern (Nächster_Sprung, Verbrauchte_Zeit)
                    Aufenthaltsort = Nächster_Sprung
                Ende Wiederholung
                Generiere_rückwärts_laufende Ameise (Ziel, Quelle, Speicherdaten)
            Ende Listenabarbeitung
            Für jede (Aktive_rückwärts_laufende [Quelle, Aufenthaltsort, Ziel]) unternehme
                Wiederholung solange (Aufenthaltsort ≠ Ziel)
                    Nächster_Sprung = Hole_aus_Speicherdaten()
                    Warte_in_Warteschlange_mit_höchster_Priorität (Aufenthaltsort, Nächster_Sprung)
                    Überquere_die_Kante (Aufenthaltsort, Nächster_Sprung)
```

> *Vorgänger = (Aufenthaltsort)*
> *Aufenthaltsort = Nächster_Sprung*
> *Aktualisiere_lokales_Traffic-Modell (M, Aufenthaltsort, Vorgänger, Quelle, Speicherdaten)*
> *r = Bestimmung_Pheromon_neu (M, Aufenthaltsort, Vorgänger, Quelle, Speicherdaten)*
> *Aktualisiere_Pheromonmatrix (Γ, Aufenthaltsort, Quelle, r)*
> **Ende Wiederholung**
> **Ende Listenabarbeitung**
> **Ende Gleichzeitige_Aktivität**
> **Ende Wiederholung**
> **Ende Listenabarbeitung**
> **Ende Prozedur**

Abb. 9   Pseudo-Algorithmus AntNet (nach DORIGO und STÜTZLE, 2004, S.232)

4.2.1 Ameisen-Generierung und -Aktivitäten

Eine vorwärts laufende Ameise $F_{s \to d}$ krabbelt von einem Quellknoten s zu einem Zielknoten d. Der Quellknoten ist für das Erzeugen der virtuellen Ameise zuständig, das Ziel wird dabei zufällig gewählt, wobei die Verteilung der Ziele ungefähr der tatsächlichen Verteilung der Ziele der Datenpakete entsprechen sollte. Die vorwärts laufenden Ameisen werden zusammen mit dem normal aufkommenden Verkehr durch das Netz geroutet. Die Ameisen befinden sich also in denselben Warteschlangen und benötigen zum Durchqueren des Netzes dieselbe Zeit, wie ein Paket mit Benutzerdaten. So können die Ameisen Informationen über den aktuellen Traffic sammeln, der sich im Netz befindet. Diese Daten werden bei der Reise auf einem Stack $S^k_{s \to d}$ abgelegt. Wenn die Ameise an einem neuen Knoten ankommt, speichert sie dessen Identfikationsnummer auf dem Stack $S^k_{s \to d}$, damit ihre Tour rekonstruiert werden kann. Zudem wird noch die Zeit festgehalten, welche für die Strecke zwischen dem Quellknoten s und dem Knoten i benötigt wurde.

Für jeden Knoten i existieren zwei verschiedene Informationstabellen. In der künstlichen Pheromonmatrix Γ_i werden die Markierungsstärken $\tau_{ijd}(t)$ für jeden Nachbarknoten j in Abhängigkeit von Ziel d abgelegt. Die einzelnen Werte sind stochastisch verteilt, so dass die Summe aller Nachbarknoten für einen bestimmten Zielknoten 1 ergibt. Zudem besitzt jeder Knoten i ein lokales Traffic-Modell M_i mit Berechnungen über die Zeitspanne, die ein Paket benötigt um von i an ein Ziel d zu gelangen. Zusätzlich zu dem besten generierten Zeitwert W_{id} aus einem Beobachtungsfenster, das aus einer vorher festgelegten Anzahl der bisherigen Durchläufe besteht, wird der Erwartungswert $\mu_{i \to d}$ und dessen Varianz $\sigma^2_{i \to d}$, die einen Hinweis auf die Stabilität der Verbindung gibt, in $M_i = \{\mu_{i \to d}, \sigma^2_{i \to d}, W_{id}\}$ gespeichert. Zur Verdeutlichung dient folgende Abb. 10

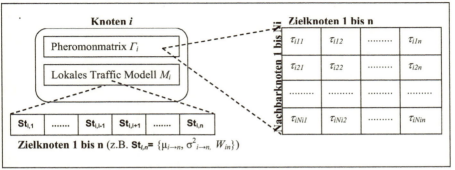

Abb. 10 lokales Traffic-Modell M_i und Pheromonmatrix Γ_i in Knoten i
Quelle: nach DORIGO und STÜTZLE (2004, S. 231)

Der Weg der Ameise von der Quelle s zum Ziel d wird Schritt für Schritt mit Hilfe von Ant-Routing-Tabellen $A_i = [a_{ijd}(t)]$ in den einzelnen Knoten bestimmt. Für die Berechnung der a_{ijd} wird folgende Formel angewandt:

$$a_{ijd} = \frac{\tau_{ijd} + \alpha n_{ij}}{1 + \alpha(|N_i| - 1)} \quad mit \quad \eta_{ij} = \frac{q_{ij}}{\sum\limits_{l=1}^{|N_i|} q_{il}} \qquad (5)$$

a_{ijd} setzt sich aus der normalisierten Summe des Pheromonwerts $\tau_{ijd}(t)$ und der heuristischen Information η_{ij} zusammen. η_{ij} wiederum ist eine im Intervall [0,1] normalisierte Funktion der Länge q_{ij} mit der Maßeinheit „wartende Bits in der Warteschlange im Knoten i für die Verbindung zum Nachbarknoten j". Die Variable α gewichtet die Bedeutung der heuristischen Information η_{ij} bezüglich des Markierungswerts $\tau_{ijd}(t)$, der in der Pheromonmatrix Γ_i abgelegt ist. Das heißt, dass der aktuelle lokale Auslastungsstatus gegenüber den gewonnenen Erfahrungswerten der letzten Durchgänge gewichtet wird. Die Wahrscheinlichkeit P^k_{ijd} für den Übergang zum nächsten Knoten ist nun für $j \notin S^k_{s \to d}$, d.h. für Knoten j, die auf dieser Tour noch nicht besucht wurden, gleich dem Ant-Routing Wert $a_{ijd}(t)$. Wenn j schon besucht wurde, also $j \in S^k_{s \to d}$ ist die Wahrscheinlichkeit gleich Null. Wenn alle Knoten j schon besucht wurden, gilt für jedes j die gleiche Wahrscheinlichkeit $P^k_{ijd} = 1/(|N_i|)$ mit $|N_i|$ gleich der Anzahl der zur Verfügung stehenden Nachbarsknoten. Gerät eine Ameise auf ihrer Tour mit dieser Auswahl in einen Zyklus, so löscht sie die entsprechenden Daten von ihrem Stack $S^k_{s \to d}$ und läuft normal weiter, sofern Sie für den Zyklus nicht länger gebraucht hat als die Hälfte ihrer bisherigen Lebenszeit. In diesem Fall stirbt die Ameise, da sie viel Zeit verschwendet hat und keine gute Lösung mehr produzieren kann.

Eine vorwärts laufende Ameise stirbt, wenn sie am Zielknoten angekommen ist. Zuvor wird von ihr jedoch eine Ameise $B_{d \to s}$ erzeugt, die denselben Weg durch das Netz zurück läuft. Sie benutzt

hierbei den Stack $S^k_{s \to d}$ von $F_{s \to d}$, um die Knoten in umgekehrter Richtung zu bereisen. Dies geschieht mit maximaler Priorität, um nicht durch Datenpakete aufgehalten zu werden. Es ist Aufgabe dieser Ameise, die beiden Informationstabellen Γ_i und M_i der Router so schnell wie möglich zu aktualisieren. Alle Einträge mit Bezug auf den ursprünglichen Zielort werden neu berechnet[18]. Im einzelnen werden im Traffic-Modell M_i mit Hilfe des Stack $S^k_{s \to d}$ der beste Zeitwert W_{id} neu bestimmt und der Erwartungswert $\mu_{i \to d}$ sowie die Varianz $\sigma^2_{i \to d}$ neu berechnet:

$$\mu_{i \to d} \leftarrow \mu_{i \to d} + \varsigma(o_{i \to d} - \mu_{i \to d}),$$
$$\sigma^2_{i \to d} \leftarrow \sigma^2_{i \to d} + \varsigma((o_{i \to d} - \mu_{i \to d})^2 - \sigma^2_{i \to d}) \qquad (6)$$

In Gleichung (6) stellt $o_{i \to d}$ die neue Laufzeit zwischen Knoten i und dem Ziel d dar. Der Faktor ς dient zur Relativierung der neuen Messwerte zu den bisherigen Werten und ist von der Größe des Beobachtungsfensters ($|W|$) abhängig.

In der künstlichen Pheromonmatrix Γ_i werden die Markierungsstärken $\tau_{ijd}(t)$ in Abhängigkeit der Qualität des gefundenen Weges – ausgedrückt durch r - verstärkt:

$$\tau_{ifd} \leftarrow \tau_{ifd} + r(1 - \tau_{ifd}) \qquad (7)$$

Aus Formel (7) lässt sich erkennen, dass die Verstärkung umso größer ausfällt, je geringer die Ausgangsmarkierung ist. Dadurch werden neue Wege schnell in das System integriert. Die Variable r lässt sich auf verschiedenste Weisen bestimmen. Laut z.B. DORIGO & STÜTZLE (vgl. 2004, S. 237) ist folgende Variante in Gleichung (8) am effektivsten:

$$r = c_1 \left(\frac{W_{id}}{T} \right) + c_2 \left(\frac{I_{sup} - I_{inf}}{(I_{sup} - I_{inf}) + (T - I_{inf})} \right) \qquad (8)$$

W_{id} ist die beste Wegzeit innerhalb des Beobachtungsfensters. I_{sup} und I_{inf} sind die Grenzen eines Konfidenzintervalls um den Erwartungswert $\mu_{i \to d}$. I_{inf} wird auf den Wert von W_{id} gesetzt. I_{sup} berechnet sich aus Formel (9). Dabei stellt γ das gewählte Konfidenzintervall dar.

$$I_{sup} = \mu_{i \to d} + z \left(\frac{\sigma_{i \to d}}{\sqrt{|W|}} \right) \quad mit \; z = \frac{1}{\sqrt{(1 - \gamma)}} \qquad (9)$$

Die Formel (9) besteht aus zwei Summanden. Der erste Summand gibt das Verhältnis von bisheriger bester Laufzeit zur gemessenen Laufzeit wieder. Der zweite Summand setzt die gemessene Laufzeit in das richtige Verhältnis zum Konfidenzintervall. Dabei wird die Varianz der Laufzeiten beachtet, da

---

[18] Mit gewissen Vorsichtsmaßnahmen werden auch die Einträge bzgl. dem momentanen Aufenthaltsknoten i hin zu den Zwischenzielknoten d aktualisiert. Da die Ergebnisse für die Zwischenzielknoten nur ein Seiteneffekt sind und damit das eigentliche Ziel, den kürzesten Pfad zu finden, nicht perfekt erfüllen, werden nur die besten Ergebnisse verwertet, die schlechten Wegzeiten aber ignoriert.

diese ein Indikator für die Stabilität der gefundenen Wege ist. Die Korrekturfaktoren c_1 und c_2 setzen die beiden Summanden in das richtige Verhältnis zueinander. Da der erste Summand eine größere Rolle spielt, wird dieser etwas höher bewertet[19]. Das durch die Gleichungen (9) und (10) gewonnene r wird nun noch durch eine Skalenanpassungsfunktion $r = s(r)/s(1)$ so angepasst, dass große Werte von r verstärkt und kleine Werte von r geschwächt werden und somit gute Ergebnisse die Markierungsstärken τ_{ijd} (t) mehr betonen. Neben den genannten expliziten Faktoren, die in r zusammengefasst werden, spielt auch die implizite Agentenankunftsrate, die dem in Abschnitt 2.3.2 beschriebenen „Differential Path Length Effect" entspricht, eine große Rolle. In dieser Hinsicht ähnelt das AntNet auch mehr dem echten Verhalten der Ameisen als z.B. das Ant System für das TSP[20].

4.2.2 Pheromon-Verdunstung

Im AntNet findet keine generelle Verdunstung statt. Im Zuge der Pheromon-Verstärkung von einer bestimmten Kante ausgehend von Knoten i verdunstet jedoch Pheromon auf den anderen Kanten, so dass die Summe an Pheromon τ_{ijd} (t) auf den Kanten ausgehend von Knoten i zum Zielknoten d weiterhin gleich 1 bleibt. Formel (10) zeigt die Berechnung der Verdunstung für die Nachbarkanten, f stellt den für das Routing genutzten Nachbarknoten dar:

$$\tau_{ijd} \leftarrow \tau_{ijd} - r \cdot \tau_{ijd}, \quad j \in N_i, \ j \neq f \qquad (10)$$

Durch die genannten Aktualisierungen aller Ameisen wird die Auslastung des Netzwerks indirekt in der künstlichen Pheromon-Matrix Γ_i festgehalten, nach deren Werten sich die nachkommenden „forward ants" und auch die Datenpakete orientieren.

4.2.3 Optionale Dämon-Aktionen

Im AntNet sowie auch in den meisten anderen Anwendungen von Ameisenalgorithmen für Routing Probleme gibt es keine Dämonkomponente. Dies hängt damit zusammen, dass das AntNet, im Gegensatz zum Beispiel zum Ant System, über keine global verfügbaren Informationen wie z.B. einer „optimalen Tour" verfügt. Die Güte der Touren ist vom jeweils herrschenden Traffic abhängig. Wenn z.B. das Netzwerk sehr belastet ist, werden alle Touren sehr lange brauchen im Vergleich zu Zeiten in denen das Netzwerk schwach ausgelastet ist. Trotzdem kann eine Tour mit einer langen Tourzeit eine gute Tour sein, wenn sie im Vergleich zu anderen Touren mit selber Netzwerkauslastung bedeutend kürzer ist. Die Tourzeit kann somit nur als Verstärkungssignal und nicht als alleiniges

---

[19] In den Testfällen wurde für das AntNet c_1=0,7 und c_2=0,3 verwendet. Die besten Ergebnisse werden erzielt, wenn das Konfidenzintervall zwischen 75% und 80% und c_2 zwischen 0,15 und 0,35 liegt (vgl. DORIGO und STÜTZLE, S. 243, 2004).

[20] Dem Verhalten von echten Ameisen noch mehr nachempfunden ist der Routingalgorithmus Ant Based Control (ABC, vgl. SCHOONDERWOERD u.a.., 1996), der u.a. „Online Step-by-Step Pheromon-Updates" anwendet.

Entscheidungsmerkmal dienen, weshalb diese Daten auch nur dezentral in den einzelnen Knoten bzw. von den Ameisen selbst gespeichert und nicht als globale Information aufbereitet werden.

4.2.4 Lösungsgüte im Vergleich zu alternativen Verfahren

Das AntNet zeigt in der Theorie viele Vorteile, die jedoch erst durch Simulationen bewiesen werden müssen. Marco Dorigo und Gianni Di Caro, die beiden Erfinder und Entwickler des AntNet haben dazu 1998 eine Simulation in C++ geschrieben und darin das AntNet sowie sechs weitere Routingalgorithmen[21] nachprogrammiert, um diese in verschiedenen simulierten Netzwerken[22] und unter unterschiedlichen - örtlich und zeitlich verteilten - Netzlasten zu testen. Es werden zwei Kriterien zur Bestimmung der Leistungsmessung herangezogen. Zum einen ist das der Durchsatz (= Throughput), der die korrekt zugestellte Datenmenge pro Sekunde (Bit/s) angibt und die Verzögerung der Pakete (=Packet Delay), die gemessen in Sekunden (s) den höchsten zeitlichen Abstand von 90% der Datenpakete angibt. Die Ergebnisse der Simulationen sind stark abhängig von der Netzauslastung. Bei geringer Datenlast zeigen alle Algorithmen gleich gute Ergebnisse. Bei einer hohen Datenlast bleibt der Durchsatz bei allen Algorithmen ähnlich, jedoch zeigt die Verzögerung der Pakete deutliche Unterschiede. Mit der nachfolgenden Abb. 11 wurde ein Beispiel aus der umfangreichen Beschreibung in DORIGO & DI CARO (1998, S. 334-349) herausgegriffen, um exemplarisch das Ergebnis einer Simulation darzustellen.

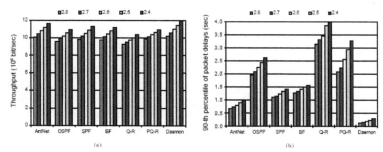

Abb. 11 NSFnet: Vergleich der Algorithmen unter RP-Datenverkehr (zufällige örtliche Verteilung und zeitliche Poissonverteilung) Die Datenlast wird verstärkt, indem die mittleren Abstände zwischen zwei Sitzungen (MSIA) von 2,8s auf 2,4s gesenkt werden (bei einem gleichzeitigen mittleren Abstand von 0,005s zwischen zwei Datenpaketen (MPIA)). (a) zeigt den Datendurchsatz und (b) die Verzögerung der Pakete an. (Quelle: DORIGO und DI CARO, S. 344, 1998)

In der Abb. 11 erkennt man, dass der Datendurchsatz von ANTNet, SPF und BF sehr ähnlich sind, obwohl AntNet eine etwas bessere Performance zeigt. OSP und PQ-R verhalten sich nur leicht

---

[21] OSPF (einfache Version des „open short path first"-Algorithmus", dem momentanen Internet-Routing-Algorithmus (vgl. MOY 1995), SPF, FB, Q-R, PQ-R und zum globalen Vergleich einen „Daemon", der als Künstlicher Algorithmus den Idealzustand nachbildet (vgl. DORIGO und DI CARO, 1998, S. 334-335).
[22] SimpleNet, NFSnet und NTTnet (vgl. DORIGO und DI CARO, 1998, S. 336-338).

schlechter, während Q-R der schlechteste Algorithmus in dieser Hinsicht ist. Daemon ist nur leicht besser als das AntNet. Bei der Verzögerung weisen OSPF, Q-R und PQ-R ein schlechtes Ergebnis auf, während SPF etwas besser ist als BF, aber immer noch um ca. 40% schlechter als AntNet. Daemon ist in diesem Fall viel besser, was anzeigt, dass die Testumgebung sehr schwierig war (vgl. DORIGO & DI CARO, 1998, S. 343-344).

Unter Zusammenfassung aller Tests von DORIGO & DI CARO kann man sagen, dass AntNet unter fast allen Bedingungen die beste Leistung gezeigt hat. Dabei waren die Ergebnisse meist sehr dicht am Dämon Algorithmus, wiesen also ein fast perfektes Routing auf. AntNet bietet mehrere Vorteile gegenüber seinen Konkurrenten. Es sammelt aufgrund der Arbeitsweise mehr Informationen im Netz und kann dementsprechend seine Entscheidungen aufgrund eines exakteren Lagebildes besser fällen. AntNet ist weniger fehleranfällig, da es sich nicht auf Informationen, die es von Nachbarknoten bekommt und die potentiell falsch sein können, verlassen muss. Das Routing wird durch Agenten, die auf dem neuesten Stand sind, aktualisiert. Agenten, die aufgrund falscher Annahmen geroutet werden, erreichen ihr Ziel nicht und können damit die falschen Informationen auch nicht verbreiten. Ein Nachteil des AntNet ist gleichzeitig sein Vorteil. Es verteilt die Datenpakete durch die Wahrscheinlichkeitsverteilung auf verschiedene Wege. Bei geringer Netzlast werden dann „gute" Wege nicht voll ausgenutzt. Dies kann zu Einbußen bzgl. der Geschwindigkeit führen. Aber bei starker Netzauslastung werden eben diese guten Wege nicht überladen, was einen Geschwindigkeitsvorteil bringt und so bei anderen Routingalgorithmen mit deterministischen Tabellen nicht möglich ist (vgl. RIEPEL, 2002, S. 110-111).

5 Einordnung des Ansatzes in das Konzept der Swarm Intelligence

5.1 Grundlagen der Swarm Intelligence

GERARDO BENI und JING WANG haben den Begriff Swarm Intelligence 1989 im Kontext der zellularen Robotikforschung eingeführt (vgl. auch BONABEAU u.a., S. 7, 1999). Die Swarm Intelligence, auf deutsch Schwarmintelligenz oder kollektive Intelligenz genannt, wird definiert als das Forschungsfeld der Künstlichen Intelligenz (KI), das auf der Agententechnologie basiert. Man kann es auch Verteilte Künstliche Intelligenz (VKI) nennen. Hierbei handelt es sich um die kollektive Leistung einer großen Zahl kaum intelligenter Einzelakteure, die zusammen schwierigste Aufgaben lösen können – und dies komplett dezentralisiert und selbstorganisiert. Einfache Lebewesen befolgen einfache Regeln. Kein Individuum hat den Überblick und keines sagt dem anderen, was es tun soll. Selbst komplexe Verhaltensweisen lassen sich durch einfache Interaktionen schnell und effizient koordinieren. Eine

Führung wird somit nicht gebraucht (vgl. BONABEAU u.a., S. 9 ff.). Das Arbeitsgebiet versucht komplexe vernetzte Softwareagentensysteme nach dem Vorbild staatenbildender Insekten wie Ameisen, Bienen und Termiten, sowie teilweise auch Vogelschwärmen und Fischschulen zu modellieren (vgl. WIKIPEDIA: Swarm Intelligence). Biologen haben lange Zeit gedacht, dass beispielsweise Ameisen- oder Bienenstaaten zentral durch ihre Königin gesteuert werden, allerdings hat sich diese Vermutung als Irrtum herausgestellt. Vielmehr spielt bei der Koordination die „Stigmergy", wie sie bereits unter Abschnitt 2.3.2 vorgestellt wurde, eine große Rolle. Schwarmintelligenz ist mittlerweile auch ein nicht klar abgegrenztes Modewort. In diesem Zusammenhang wird ihm beispielsweise das Potential unterstellt, die Gesellschaft und ganze Märkte zu reformieren. Als Grundlage für diese Aussage dienen die sogenannten „Smart Mobs", bei der sich scheinbar zufällig und unorganisiert Menschen treffen, um z.B. Demonstrationen gegen den beginnenden Irak-Krieg durchzuführen. Diese Treffen werden über Handy und Internet bekannt gemacht und verbreitet. Auch bei „Google" wird die Verlinkung der Homepages aller Internetnutzer zum Orientierungsgeber des Rankings von Informationen, hier ist Schwarmintelligenz ein Teil des Business Modell. Im Marketing setzt der Mobilfunkanbieter O_2 die Flash-Mob-Strategie ein, um Kunden zu Events einzuladen. Peer-to-Peer Marketing schafft eine Aufmerksamkeit, die Massenmedien so nicht mehr erreichen (vgl. WIPPERMANN, 2005).

5.2 Bedeutung des Ant Colony Optimization Ansatzes

Ant Colony Optimization stellt eine Spezifikation von Swarm Intelligence dar und ist das am meisten erforschte Gebiet dieses Konzeptes, da man bisher bei der Übertragung der natürlichen Verhaltensweisen der Ameisen am erfolgreichsten war. Weitere Ansätze stellen die Particle Swarm Optimization (PSO) und das „Stochastic Diffusion Search" (SDS) dar. PSO ist ein globaler stochastischer Optimierungsalgorithmus der auf dem sozialen Verhalten von Vogelschwärmen bzw. Fischschulen basiert und Ähnlichkeiten mit genetischen Algorithmen aufweist. Die möglichen Lösungen, die "particles", also Teilchen genannt werden, fliegen durch den Problemraum, indem sie den jeweils besten Teilchen folgen (vgl. KENNEDY und EBERHART, 1995, S. 287 ff). SDS basiert auf dem Verhalten einer Ameisenart (Leptothorax acervorum). Diese Ameisen verständigen sich durch direkte Kommunikation und nehmen die Verhaltensweisen des jeweils anderen an, wenn der diese als positiv ansieht. So entsteht ein Tandem-Mechanismus, der zu Lösungen mit hoher Qualität führen kann. Anwendungen erfolgen z.B. bei der Textsuche oder bei Objektidentifizierungen (vgl. BISHOP, 1989, S. 329-331).

6 Zusammenfassung

Der Fokus von Ameisen-Algorithmen liegt eindeutig auf den kombinatorischen Problemen, da das Finden guter Lösungen auf dem Kombinieren von Teillösungen beruht. Die hier im übergreifenden Rahmen der ACO-Metaheuristik vorgestellten Ansätze Ant System und AntNet sind vor allem als Basis anzusehen. Mit steigender Komplexität der Probleme sind Anpassungen nötig. Verschiedene Erweiterungen wurden bereits erprobt und verwendet und weitere Forschungen sind in vollem Gange, was sich z.b. an den regelmäßig stattfindenden Symposien ANTS und IEEE zeigt (siehe unter www.aco-metaheuristic.org).

Wie verschiedene Experimente von BONABEAU u.a. (1999) bewiesen haben, liefern die verbesserten Ameisenalgorithmen auf der Grundlage des Ant System auch beim TSP z.T. bessere Ergebnisse als andere Heuristiken wie Simulated Annealing (SA), Tabu Search (TS) oder neuronale Netze (NN).

Die größte Stärke der „Optimierung durch Ameisen" ist neben der Robustheit sicherlich ihre Selbstadaption und Flexibilität und die damit verbundene Möglichkeit sie auf dynamische Probleme anzuwenden. Es ist ohne Reinitialisierung möglich, während des Laufes Änderungen am Problem vorzunehmen. Auf diese Weise lassen sich Datenströme in Netzwerken auch bei laufendem Betrieb umdirigieren. Dies ist vielversprechend beispielsweise für die Optimierung der Verbindungssteuerung in überlasteten Telekommunikationsnetzen und wird bereits von einigen Telefongesellschaften angewandt (bspw. France Télékom, British Telecommunications, MCI Worldcom). Im Internet ist das hier vorgestellte AntNet dagegen (noch) nicht im Einsatz. Ob es sich durchsetzen wird, ist weiterhin eine offene Frage. Bisher sind die Netze nicht so überlastet, dass man zu Veränderungen gezwungen ist. Weiterhin ist es für Netzadministratoren wichtig, ihr Subnetz „am Laufen" zu halten. Der Umstieg auf ein ihnen unbekanntes, kaum getestetes Routingverfahren ist vielen zu unsicher und mit zuviel Aufwand verbunden. Aber die rasante Entwicklung könnte hier sicherlich zu einem Umdenken anregen.

Interessante Anwendungsbeispiele werden oft in den ANTS Workshops vorgestellt. So wurde z.B. 2004 von TATOMIR u.a. das AntNet auf das Routing von Verkehr in Städten mit Hilfe von Navigationsgeräten übertragen. In 2006 stellten TATOMIR und ROTHKRANTZ einen Algorithmus vor, der den Ärzten bei der Auswahl der zu rettenden Patienten in Krisengebieten helfen soll. Die Suche nach Anwendungsbeispielen ist sicherlich noch nicht ausgereizt, was die Übersicht über das Feld der Ant Colony Optimization zunehmend schwieriger werden lässt. Deswegen ist es aber umso wichtiger, die Grundlagen von ACO zu kennen, um die einzelnen Algorithmen einordnen zu können.

Literaturverzeichnis

BECKERS, R., DENEUBOURG, J.-L. UND GOSS, S.: Modulation of trail laying in the ant Lasius niger (hymenoptera: Formicidae) and its role in the collective selection of a food source. In: Journal of Insect Behaviour , 6 (6, 1993), S. 751-759.

BENI, G., WANG, J.: Swarm Intelligence in Cellular Robotic Systems, Proceed. NATO Advanced Workshop on Robots and Biological Systems, Tuscany, Italy, June 26–30 (1989).

BISHOP, J.M.: Stochastic Searching Networks. In: Proceedings 1st IEE Conference on Artificial Neural Networks, London 1989, S. 329-331.

BONABEAU, E, THERAULAZ, G., DENEUBOURG, J.-L., ARON, S. UND CAMAZINE, S.: Self-organization in socal insects. In: Tree, 12 (5, 1997), S. 188-193.

BONABEAU, E.(Hrsg.): Special issue on Stigmercy (MIT Press). In: Artificial Life Journal, 5 (2, 1999).

BONABEAU, E., DORIGO, M., THERAULAZ: G.: Swarm Intelligence: From Natural to Artifical Systems. Oxford University Press, New York 1999a.

BOYSEN, N.: Ameisenalgorithmen, Universität Hamburg (2004), S. 10.
http://www.ameisenalgorithmus.de/downloads/ameisenalgorithmen
(zuletzt besucht 8.5.2008)

BULLNHEIMER, B., HARTL, R. F. UND STRAUSS, C.: A New Rank-Based Version of the Ant System: A Computational Study. In: Tech rept. POM-03/97. Institute of Management Science, Universität Wien, Österreich 1997.

COLORNI, A., DORIGO, M. UND MANIEZZO, V.: Distributed optimization by ant colonies. In Proceedings of European Conference on Artificial Life, Elsevier Publishing (1991), S. 134-142.

DENEUBOURG, J.L., ARON, S., GOSS, S. und PASTEELS, J.-M.: The self-organizing exploratory pattern of the argentine ant. In: Journal of Insect Behaviour, 3 (1990); S. 159-168.

DORIGO, M.: Optimization, Learning and Natural Algorithms. Doktorarbeit (PhD, in italienisch). Dipartimento di Elettronica, Politecnico die Milano, Milan 1992.

DORIGO, M. und DI CARO, G.: AntNet: Distributed Stigmergetic Control for Communications Networks. In: Journal of Artificial Intelligence Research (JAIR), 9 (1998), S. 317-365.

DORIGO, M. und DI CARO, G: Ant Colony optimization: A new meta-heuristic. In: P.J. Angeline, Z. Michalewicz, M. Schoenauer, X. Yao und A. Zalzala (Hrsg.): Proceedings of the 1999 Congress on Evolutionary Computation (CEC 1999), S. 1470-1477.

DORIGO, M., DI CARO, G. und GAMBARDELLA, L. M.: Ant algorithms for discrete optimization. In: Artificial Life, 5(2, 1999), S. 137-172.

DORIGO, M. und GAMBARDELLA, L. M.: Ant Colony System: A Cooperative Learning Approach to the Traveling Salesman Problem. In: IEEE Transactions on Evolutionary Computation, 1 (1, 1997), S. 53-66.

DORIGO, M., MANIEZZO, V. UND COLORNI, A.: Positive feedback as a search strategy. In: Technical report, Dipartimento di Elettronica, Politecnico di Milano, Milan (91-016, 1991).

DORIGO, M., MANIEZZO, V. UND COLORNI, A.: Ant System: Optimization by a colony of cooperating agents. In: IEEE Transactions on Systems, Man, and Cybernetics – Part B, 26 (1, 1996), S. 29-41.

DORIGO, M. und STÜTZLE, T.: The Ant Colony Otimization Metaheuristic Algorithms, Applications, and Advances. In: Handbook of Metaheuristics, International Series in Operations Research and Management Science, Springer Verlag, New York 2003.

DORIGO, M. und STÜTZLE, T.: Ant Colony Optimization. The MIT Press, Cambridge 2004.

GOSS, S., ARON, S., DENEUBOURG, J. L. und PASTEELS, J. M.: Self-organized shortcuts in the Argentine ant. In: Naturwissenschaften, 76 (1989), S. 579-589.

HANSMANN, K.-W.: Ein „Ameisen-Algorithmus" für die Produktionssteuerung. Präsentation für Vorlesungen. Institut für Industriebetriebslehre und Organisation, Universität Hamburg (Jahrgang unbekannt). Download erfolgte von:
http//www.industriebetriebslehre.wiso.uni-erlangen.de/home/ameisen_algorithmus.pdf
(zuletzt besucht 10.5.2008)

HÖLLDOBLER, B. und WILSON, E. O.: The Ants (Die Ameisen), Harvard University Press, Cambridge 1990, S. 255-258.

KENNEDY, J., EBERHART, R. C. und SHI, Y.: Swarm Intelligence. The Morgan Kaufmann Series in Artificial Intelligence, San Francisco 2001.

MOY, J.: Link-state routing. In: Steenstrup, M. E. (Hrsg): Routing in Communications Networks, Englewood Cliffs, Prentice-Hall 1995, S. 137-157.

PYL, P. T. und RUDOLPH, K. L. M.: Ameisenalgorithmus zur Lösung komplexer Optimierungsprobleme (letzte Änderung 3.3.2008).
http://www.activevb.de/tutorials/tut_antalgo/tut_antalgo.html
(zuletzt besucht 8.5.2008)

RIEPEL, K. B.: AntNetz. In: Prof. A. Lehmann und R. Brendel (Hrsg.): Bewertung von Internet-Routing-Strategien. Institut für technische Informatik, Fakultät für Informatik, Universität der Bundeswehr München, 2002-07 (2002), S. 97-111.

SCHOONDERWOERD, R., HOLLAND, O., BRUTEN. J. und ROTHKRANTZ, L.: Ant-Based Load Balancing in Telecommunications Networks. In: Adapt. Behav. 5 (1996), S. 169-207.

STÜTZLE, T., HOOS, H.: *Max-Min* Ant System and Local Search for Combinatorial Optimization Problems. In: Voß, S, Martello, S., Osman, I.H. und Roucairol, C. (Hrsg.), Meta-Heuristics: Advances and Trends in Local Search Paradigms for Optimization. Kluwer Academics, Boston (1998), S. 319-329.

TATOMIR, B., KROON, R. und ROTHKRANTZ, L.: Dynamic Routing in Traffic Networks Using AntNet. In: Ant Colony Optimization and Swarm Intelligence. Lecture Notes in Computer Science, Springer, September 2004 (2004), S. 424-425.

TATOMIR, B. und ROTHKRANTZ, L.: Dynamic Ant Based Mechanism for Crisis Resonse Coordination. In: Ant Colony Optimization and Swarm Intelligence. Lecture Notes in Computer Science, Springer, September 2006 (2006), S. 380-388.

WIKIPEDIA: Stigmergy (letzte Änderung 20.3.2008)
http://en.wikipedia.org/wiki/Stigmergy
(zuletzt besucht 8.5.2008)

WIKIPEDIA: Swarm Intelligence (letzte Änderung 20.4.2008)
http://en.wikipedia.org/wiki/Swarm_intelligence
(zuletzt besucht 10.5.2008)

WIPPERMANN, P.: Interview in: Die Gegenwart (jetzt: Neue Gegenwart). Online-Magazin für Medienjournalismus, Ausgabe 44 vom 20.7.2005
http://www.neuegegenwart.de/archiv2.htm#44
(zuletzt besucht 10.5.2008)

Anhang

Ant System Algorithmus (mit Pheromonupdate nach Ant-Cycle)

1. Initialisierung des Algorithmus

Zeit- und Zyklenzähler initialisieren;
alle Kantenmarkierungen initialisieren;
	```t := 0; NC := 0```
	```for every edge(i,j) do```
	``` phero_edge (i,j,t) = c```
	``` phero_delta (i,j) = 0```
	```od```

2. Initialisierung der Ameisen und des Zyklus

je Stadt eine Ameise platzieren;	```place m ants on n nodes```

für jede Ameise:
  trage Startstadt in Tabuliste ein;
	```s := 1```
	```for every ant k do```
	``` insert start town in tabu(k,s)```
	```end```

3. Aufbau der Tour

wiederhole bis Rundreise beendet:
 	
  für jede Ameise:
    suche nächste Stadt
    in Abhängigkeit von Nähe und Grad an
    Pheromon zur Entscheidungsfindung;
    setze Ameise auf diese Stadt;
    trage diese Stadt in Tabuliste ein;
	```repeat until tour completed```
	``` s += 1```
	``` for every ant k do```
	``` choose town j to move to```
	``` with probability p(i,j,k,t);```
	
	``` move ant k to town j;```
	``` insert town j in tabu(k,s)```
	``` end```
	```end```

4. Bewertung der Tour und Pheromon-Update

für jede Ameise:
  Rücklauf auf Startstadt;
  Gesamtlänge dieser Tour berechnen;
 	
  kürzer als bislang kürzeste?:
    dann merken;
	```for every ant k do```
	``` move k-th ant from tabu(k,n) to tabu(k,1)```
	``` compute full_length of the tour by ant k```
	
	``` if (tour < shortest_tour so far)```
	``` update shortest_tour```
	``` end```

addiere für jede Kante
tourenlängenabhängige Bewertungen, aller
Ameisen, die diese Kante besucht haben auf;
	```for every edge(i,j) do```
	``` for every ant k do```
	``` phero_delta (i,j,k) := Q / full_length```
	``` phero_delta (i,j) += phero_delta (i,j,k)```
	``` end```
	```end```

addiere die gesamten neuen Bewertungen
jeder Kante in die Ant-Routing-Tabelle auf;
	```for every edge(i,j) do```
	``` phero_edge (i,j,t+n) := phero_edge (i,j,t)```
	``` + phero_delta (i,j)```
	``` phero_delta(i,j) := 0```
	```end```

5. Pheromon-Verdunstung (im Text unter Gliederungspunkt 3.2.)

Kantenmarkierungen verdunsten um bestimmten
Faktor ρ;
	```for every edge(i,j) do```
	``` phero_edge (i,j,t+n) := (1-ρ)*phero_edge (i,j,t)```
	```end```

Ameisen sterben nun und geben alle Ressourcen frei, v.a. Löschung der Tabulisten;	```die ants``` ```empty all tabus```

erhöhe Zeit- und Zyklenzähler;
falls max. Iterationszahl und kein
Stagnationsverhalten erreicht:
  führe Zyklus ab Punkt 2 erneut aus;
 	
sonst:
  gib bislang kürzeste Tour aus;
  beende;
	```t += n;```
	```NC += 1 if (NC < Ncmax) and (not stagnation) then```
	``` goto```
	``` „2. Initialisierung der Ameisen und des Zyklus"```
	```else```
	``` print shortest tour so far```
	``` stop```
	```end```

www.ingramcontent.com/pod-product-compliance
Lightning Source LLC
LaVergne TN
LVHW092348060326
832902LV00008B/886